Lk^{14} 150

RELATION VERITABLE DE CE

qui s'est passé en l'Assemblée prouinciale d'Aix, touchant la deputation des Seigneurs Archeuesque d'Aix, & Euesque de Freius pour le premier Ordre, & des sieurs Arnaud & Marchier pour le second, en laquelle sont inserés les moyens qui feront voir clairement comme la pretenduë deputation faite au contraire, des Seigneurs Euesques de Sisteron & de Riez, & des sieurs Mimata de Guichard, & de Montmeian, est nulle de toute nullité, extorquée par violence, & contre les reglemens du Clergé.

LE sieur Mimata Vicaire general de Monseigneur l'Archeuesque d'Aix, & Chanoine de son Eglise Metropolitaine, s'estant laissé toucher au dessein qui luy fut proposé de la deputation à l'Assemblée generale du Clergé, considera bien d'abord qu'il n'y pouuoit pretendre sans s'opposer directement aux intentions dudit seigneur Archeuesque, qui s'estoit declaré depuis long temps de la pensée qu'il en auoit, & de la creance que l'estat & la disposition de sa Prouince aux deputations precedentes, luy faisoit esperer celle-cy. Mais quoy que le respect qu'il deuoit à son Superieur, la dependance d'vn principal Officier enuers son Prelat, & la gratitude de l'estime, & de l'affection, qu'il luy tesmoignoit, en luy confiant ce qu'il a de plus cher, & de plus important, la conduitte de son Diocese, l'obligeassent à suspendre sa resolution, iusques apres en auoir consulté le seigneur Archeuesque, sans l'adueu duquel, ce luy estoit crime de l'entreprendre, il s'y laissa pourtant engager si auant, que dés lors il s'attacha à ceux qu'il creut pouuoir apporter quelque obstacle, & former vn party pour rauir au seigneur Archeuesque, ce que son rang luy deferoit. C'estoient ceux-mesme qui luy auoient inspiré cette mauuaise pensée, & qui auoient choisi comme le plus vtile instrument dont

A

ils se peussent seruir, pour executer leur entreprise. C'est à sçauoir les seigneurs Euesques de Sisteron & de Riez. Et voicy les artifices qu'ils mirent en jeu.

Le seigneur Archeuesque d'Aix estoit à la suitte de la Cour, dés le commencement de Nouembre dernier, pour les affaires de la Prouince, dont il est premier procureur : ils creurent qu'il falloit chercher quelque moyen d'empescher son retour, afin que tenant l'Assemblée prouinciale en son absence, ils peussent plus ayséement porter les deliberations au point qu'ils auoient projetté. Mimata est employé à cet effet. Il commence dés le mois de Ianuier, d'escrire au seigneur Archéuesque, qu'il auoit disposé les seigneurs Prelats susnommés de luy donner leurs voix pour la deputation, puis en Feurier luy en renouuelle les asseurances, & en fin luy conseille de ne s'exposer pas aux trauaux d'vn long voyage, dás la plus rigoureuse saison de l'année pour la seule fin de paruenir à vne chose qui seroit aussi bien faicte en son absence, & le presse de luy enuoyer les depesches des Agents pour la conuocation de l'Assemblée, & dés le dixneufiesme de Feurier, se fait nommer dans le Chapitre par vne prouidence precipitée, pour assister auec Iassaut administrateur en l'Assemblée, dont il auoit desia resolu la conuocation dans son esprit. Mais le seigneur Archeuesque (sans pourtant se deffier de sa sincerité) luy respond qu'il estoit resolu de partir, dés que les affaires publiques le luy permettroient, qu'il seroit bien aise d'assister en personne à cette premiere Assemblée prouinciale. Qu'il esperoit d'y estre en vn téps assez conuenable pour la tenir, luy ordonne d'en aduertir les seigneurs Suffragants de sa Prouince, & garde le pacquet des Agens. Mimata recharge au commencement de Mars, luy represente derechef qu'il se pouuoit soulager de la fatigue d'vn voyage, puisque tout estoit disposé à luy donner contentement, & l'aduertit du desir des seigneurs de Sisteron, & de Riez, que l'Assemblée fust promptément tenuë. Le seigneur Archeuesque luy replique qu'il y sera assés à temps, & luy ordonne expressément d'en demeurer là. Mais Mimata qui auoit iusques alors couuert son ambition d'vne specieuse apparence de zele & d'affection, aux interests de son Prelat, iugeant que le seigneur Archeuesque ne pouuoit plus differer longuement sa venuë, ne croyant pas neantmoins qu'elle fust si prompte, & apprehendant de faillir son coup, leue le masque, & publie que les seigneurs de Sisteron & de Riez le vouloient sommer de conuoquer l'Assemblée. Il communique cette menace au conseil dudit seigneur Archeuesque, qui luy donne par escrit la responce qu'il deuoit faire, qui ne tendoit qu'à retenir leur impatience dans les ordres preſcripts par le ſeigneur Archeueſque. Mais ce conſeil ſ'oppoſant à l'ambition de Mimata, il ne s'y peut accommoder, Ains dés lors conuoque l'Aſſemblée prouinciale, & aſſigne le iour au vingt-huictieſme de Mars.

Le ſeigneur Archeueſque receut la nouuelle de ceſte conuocation à Lyon: elle commença à luy donner quelque deffiance de ſon Vicaire, qui l'obligea de haſter ſon voyage, de ſorte qu'il arriua à Aix pluſtoſt qu'il n'y eſtoit attendu & beaucoup moins deſiré par celuy qui vouloit tirer profit de ſon abſence. Dés qu'il fut arriué il teſmoigne à ce Vicaire le deſplaiſir qu'il luy auoit donné par ceſte entrepriſe ſur vne authorité qu'il s'eſtoit reſeruee, & le ſondant plus auant ſur les projects qui ſe faiſoient de la deputation, recognut toute la caballe qui s'eſtoit formee, dont ſon propre Vicaire eſtoit le principal reſſort qu'on faiſoit agir contre luy. Il eſſaya par des exhortations paternelles de le ramener à la cognoiſſance de ſon deuoir, & le retirer de ceſte coniuration qui le portoit à vne honteuſe perfidie. Mais toutes ſes remonſtrances furent inutiles, & les auantages qu'il s'eſtoit propoſé dans la deputation, preualurent en ſon eſprit aux intereſts de ſon honneur & de ſa conſcience. Ceſte defection d'vn Officier que le ſeigneur Archeueſque auoit eſtimé & cheri tendrement, le toucha d'vne douleur ſenſible, & pour n'authoriſer pas vne ſi manifeſte preuarication, il changea le iour que ſon Vicaire auoit deſtiné pour la tenuë de l'aſſemblee, & la recula ſeulement de deux iours: en quoy il ayma mieux s'accommoder aux inclinations de trois de Meſſeigneurs ſes Suffragans, qui auoient inquietude pour ceſte Aſſemblee, que d'vſer de ſon droict en la renuoyant au temps qui luy euſt paru plus commode.

Cependant que le iour eſtoit attendu, les Prieurs, Vicaires, & autres Beneficiers du Dioceſe d'Aix, qui s'eſtoient enfin apperceus du deſſein du Chapitre de l'Egliſe Metropolitaine ſainct Sauueur, de ſe rendre Maiſtres de tout le Dioceſe, & diſpoſer par leur ſeule direction de toutes les affaires communes, qui n'attendoient qu'vne occaſion propre pour ſe plaindre, & ſe pouruoir contre ceſte vſurpation: Preſentent requeſte au ſeigneur Archeueſque, luy remonſtrent l'iniuſte pretenſion du Chapitre, & luy demandent permiſſion de s'aſſembler, pour deputer tels d'entr'-eux qui ſeront choiſis pour aſſiſter à l'aſſemblee Prouinciale: ils obtiennent les fins de leur requeſte, & le iour eſt aſſigné au vingt-huictieſme, qui n'eſt pas ſi toſt eſcheu, que le Chapitre iugeant qu'il tireroit plus d'auantage de la force & de la violence, que d'aucune procedure de

Iuſtice, ſe reſolut à l'employer, & par vn attentat extraordinaire, dont ledit Vicaire fut le principal moteur, empeſcher la tenuë de l'Aſſemblee: & pource dés les huiɔt heures du matin, le Preuoſt, les dignitez, & tous les Chanoines de l'Egliſe, vn ſergent à leur teſte, & ſuiuis la pluſpart de leurs valets, armez d'eſpees & de baſtons, entrent dans l'Archeueſché, trouuent dans la cour le ſeigneur Archeueſque, menent droit à luy ce ſergent, qui luy dit inſolemment qu'il venoit luy intimer vne oppoſition. Cette hardieſſe dépleut au ſeigneur Archeueſque, qui demanda à cet Officier s'il ſçauoit ſa charge, de s'addreſſer ſi temerairement à ſa perſonne: les Chanoines qui ne faiſoient eſcorte au ſergent, (que les parties ne doiuent iamais accompagner) que pour chercher occaſion de trouble & de tumulte, s'eſcrient qu'on luy vouloit faire violence, & s'animans de rage & de fureur, ſe portent à des paroles & actions contre la perſonne du ſeigneur Archeueſque & de ſes domeſtiques, qui luy donnerent ſujeɔt de craindre quelque extremité faſcheuſe, & pour l'eſuiter, de ſe retirer le mieux qu'il peut de la foule de ces ſeditieux, entre leſquels Mimata parut touſiours vn des plus eſchauffez. Il gaigna ainſi ſa chambre, où il fiſt ſon procés verbal de cet inſult, ſuiuy d'vn artifice tres malitieux, car à l'inſtant quelques vns de ſes Chanoines courent au Parlement, & demandent commiſſion pour informer contre leur Archeueſque, qui ſe trouuant ſurpris d'eſtonnement à vne ſi ſcandaleuſe violence, en donne aduis au ſeigneur de Siſteron, qui ſe rencontrant auec les ſeigneurs d'Apt & de Riez, ſe porterent tous trois dans l'Archeueſché, où ayant appris les particularitez de cette action, ils la iugerent ſi extrauagante, qu'ils voulurent eux meſmes en aller inſtruire celuy qui preſidoit au Parlement, & s'employerent incontinent à perſuader aux Chanoines de preuenir par leurs ſoubmiſſions la plainte du ſeigneur Archeueſque: mais dés que le grand Vicaire leur eut fait cognoiſtre le mouuement par lequel il auoit excité cette ſedition, la voyans fauorable à leurs deſſeins, ils les laiſſerent dans leur eſprit de deſordre & confuſion, qui les porta l'apreſdiné à continuer cette violence.

C'eſtoit l'heure de l'aſſignation de l'aſſemblee Dioceſaine, & la ſalle du Palais Archiepiſcopal eſtoit preparee pour cela, au lieu que le Chapitre y deuoit enuoyer deux Deputez, les Preuoſt, Dignitez, Chanoines, Beneficiers & Chappellains de l'Egliſe en nombre de plus de ſoixante, vont occuper toutes les places, auec deſſein, ou de rompre l'aſſemblee par quelque bruit qu'ils exciteroient, ou en tous cas ſi on les pouuoit contenir dans la modeſtie, d'emporter les deliberations par la multitude des voix. Mais leur paſſion ne leur permit pas de choiſir ce dernier expedient touſiours iniuſte , & toutefois plus doux que le premier. Car le ſeigneur Archeueſque ne fut pas entré dans la ſalle , que le voyant ſuiuy de ſon autre Vicaire general , ils forment d'abord vn incident pour l'exclure de cette compagnie , & s'eſchauffans dans les contentions, viennent à s'en prendre aux autres Vicaires & Prieurs Dioceſains, qu'ils chargent d'iniures, & menacent de mauuais traictement s'ils n'abandonnent cette aſſemblee, & y cauſent tant de tumulte & de confuſion , que le ſeigneur Archeueſque fut contrainct de permettre aux Prieurs & Vicaires de ſe retirer , & luy meſme fut bien aiſe de ſe mettre à couuert de leurs inſolences. Ainſi la ſalle leur demeura , & l'aſſemblee fut remiſe au temps du Synode , comme il appert dans le procez verbal dreſſé par le ſeigneur Archeueſque, qui eſtant requis par ſon Promoteur de faire deffences auſdits Mimata & Iaſſaut , de s'ingerer en l'aſſemblee Prouinciale , apres tant de tumultes & confuſions, accorda les inhibitions neceſſaires qui leur furent intimees auant la tenuë de l'aſſemblee Prouinciale.

Le iour de la conuocation d'icelle eſtant arriué, dés que l'on commence à lire les procurations des Deputez, le ſeigneur Archeueſque voyant que Mimata, Iaſſaut & Chartras s'y eſtoient preſentez, repreſente aux ſeigneurs ſes Confreres l'vſurpation du Chapitre, les plaintes de ſon Dioceſe , les violences & les ſeditions excitees dans ſa propre Maiſon, les requiſitions de ſon Promoteur , & ſes defenſes , & inſiſte ſur tout cela à les rejetter de l'Aſſemblee, comme deſtituez de pouuoir legitime pour y aſſiſter: mais les ſeigneurs de Siſteron & de Riez , qui auoient fondé toutes les eſperances de leur deputation ſur ceſte voix qu'ils rauiſſoient au ſeigneur Archeueſque, eſpouſerent les intereſts du Chapitre auec tant de ſoin & d'ardeur, que commençans deſlors les mauuais traictemens dont ils ont perſecuté le ſeigneur Archeueſque durant toute l'Aſſemblee, ils le contraignirent de quitter ſon ſiege , & ſe retirer en ſa chambre, & en ſon abſence vſerent de tant d'artifices & ſeductions qu'ils firent ordonner à la pluralité des voix, que ces pretendus Deputez auroient ſeance & voix deliberatiue en l'Aſſemblee, dequoy le ſeigneur Archeueſque ſe porta pour appellant ſur le champ, & proteſta de la nullité de tout ce qui ſe feroit au prejudice de ſon appel; nonobſtant iceluy ils paſſent au iugement des autres procurations, & y conſomment toute la ſeance.

Celle de releuee commença par vne remonſtrance , qui fut faicte par le ſieur Capiſcol de l'Egliſe de Gap, l'vn des Deputez du Dioceſe, de ce qu'il eſtoit venu à ſa cognoiſſance, que le ſieur Caſ-

tellan Deputé du Diocefe de Sifteron, n'eftoit pas capable de porter cefte procuration, n'ayant aucun benefice dans ledit Diocefe, au
defir des reglemens du Clergé, & requit qu'il fuft renuoyé : mais le
feigneur de Sifteron au lieu de faire fur le champ nommer le benefice, qu'il pretendoit que ce Deputé poffedoit fuiuant les diuerfes
inftances, entreprit celuy qui auoit faict la propofition de ce defaut,
par des paroles fi aigres & fi injurieufes, qu'il fit paffer la chofe dans
le trouble & la contention, fans permettre qu'on y deliberaft.

C'eft l'artifice dont il a vfé auec les feigneurs d'Apt & de Riez,
durant le cours de cefte Affemblee, que leurs chaleurs, iniures, mef-
pris & irrifions, dont ils ont couuert le feigneur Archeuefque, a fait
durer trois iours, que l'on peut dire auoir efté auffi fcandaleux à
toute la ville d'Aix, & funeftes à l'Eftat Ecclefiaftique, qu'ils ont ap-
porté de honte & de diminution au refpect & à la veneration deuë à
la dignité dont ils font reueftus. Le feigneur Archeuefque ne veut
pas les rapporter toutes dans cet efcrit, qui peut paffer és mains du
public, il fe contente que Meffeigneurs de l'Affemblee les voyent
dans les verbaux remis és mains du feigneur Commiffaire, & ne
veut dire que ce qu'il ne peut obmettre.

Qu'apres, que dans la feconde feance, les nominations dont il
s'agit eurent efté faictes, les feigneurs de Sifteron, d'Apt & de Riez
formerent tant de contentions & d'incidens fur la forme du proces
verbal, qu'ils prolongerent l'Affemblee commencee le dernier de
Mars au matin iufques au deuxiefme d'Auril, auquel de releuee
Mimata dont ils appuyoient les infolences, apporta vn efcrit qu'il
vouloit faire inferer dans le proces verbal; mais le feigneur Archeuefque le trouuant plein de paroles iniurieufes contre fa perfonne,
ne le voulut permettre, le feigneur d'Apt infifte qu'il y foit couché,
& le feigneur Archeuefque l'exhortant de parler à fon tour, fans
vfurper le rang & les honneurs qui luy eftoient deuës à raifon de fa
dignité, le feigneur d'Apt luy dit, qu'il auoit menty, & accompagna
fes paroles d'vn gefte tres-efloigné & de fa condition & de fon
nom, qui le deuoient retenir dans la modeftie.

Cette offence qui caufera de l'horreur dans l'efprit de ceux qui la
liront, obligea le feigneur Archeuefque de fe feparer des perfonnes qui le traittoient fi mal, & fe retirer en fa chambre, où il fut
fuiuy par les feigneurs Euefques de Freius & de Gap, qui euffent
creu participer à ce crime, s'ils euffent plus long temps communi-
qué auec celuy qui en eftoit coulpable. Mais les feigneurs de Sifteron & de Riez, dont le fupport luy auoit donné la hardieffe de venir à cet attentat, voulant tirer aduantage de tout, fermerent la

porte fur eux, dont le feigneur d'Apt prit la garde, retindrent par force, & contraignirent le Greffier d'efcrire dans fon regiftre ce qu'ils voulurent, pour fauorifer leurs pretentions; Mefmes en vn endroit qu'il auoit laiffé en blanc, pour y mettre la refolution de l'Affemblée, quand tous ceux qui la compofoient en feroient demeurés d'accord : & firent toutes les autres violences, dont il appert par les procez verbaux, receus tant par ledit Alegre, que par Anglez Notaire, qu'il fallut appeller pour receuoir les actes, & ainfi s'eftans feparés en deux partis efgaux en nombre d'Euefques, & de Deputez legitimes du fecond Ordre, fans proceder à aucune nouuelle deliberation, dautant que les nominations auoient efté faites dés le dernier Mars de releuée, drefferent feulement leur verbal, des caufes de leur feparation, & fignerent leur procuration felon leurs diuerfes nominations, de la validité defquelles il s'agift.

Celle qui a efté faicte de la part, & des perfonnes des feigneurs de Sifteron & de Riez, & des fieurs Mimata, de Guifchard, & de Montmeian, fera fans doute iugée ambitieufe & violente, pratiquée par mauuais moyens, appuiée de fuffrages illegitimes, contraire aux reglemens du Clergé & volontés du Roy, & par confequent nulle, & de nul effect.

Elle eft ambitieufe, dautant que le feigneur de Sifteron ne fe pouuant foubfmettre à l'ordre Hierarchic que le fainct Efprit a eftably dans l'Eglife, ne peut fouffrir dans fa Prouince, fans vn extréme defplaifir, vne dignité fuperieure à la fienne, luy contefte tous fes auantages, & vfurpe fes droicts : & fon premier motif en contrariant le deffein du feigneur Archeuefque, n'a efté que de fe rendre le chef de cefte Deputation.

Il l'a practiquee auec le feigneur de Riez par mauuais moyens; car le principal fondement qu'ils luy donnent, eft la perfidie & la preuarication d'vn Vicaire General qu'ils ont corrompu, & par confequent violé la foy publique, def-vny ce qui doit eftre de plus eftroictement lié dans la Police de l'Eglife, où le Prelat & le Vicaire ne font cenfez qu'vne mefme perfonne, & doiuent eftre animez d'vn mefme efprit. Corruption d'autant plus odieufe qu'elle a efté traictee par des feigneurs Euefques Suffragans, pour s'en preualoir iniuftement contre leur Archeuefque. Infidelité que Meffeigneurs les Prelats & Deputez du fecond Ordre doiuent feuerement punir : les premiers pour deftourner par cet exemple leurs Vicaires d'vne mefme faute, & les autres pour faire voir par cette condemnation, qu'ils deteftent ce crime qui ne peut trouuer de place ny d'excufe en leur efprit.

Cette pretenduë deputation est appuyée sur des suffrages illegitimes , sçauoir sur la voix des Deputez du Chapitre de l'Eglise de sainct Sauueur, qui n'a point de droit de deputer seul aux Assemblées prouinciales , & sur celle du Deputé du Diocese de Sisteron, qui n'estoit pas capable de porter cette qualité.

La raison qui est l'ame de la Loy , les reglemens du Clergé, & l'vsage general de toute la France, & particulierement de la Metropole d'Aix, destruisent clairement la pretention du Chapitre. Le droit & la raison, en ce que pareilles Assemblées estant conuoquées pour affaires qui regardent tout le Diocese, & les Decimes principalement, vn seul membre d'iceluy, qui porte la moindre part des charges ne doit pas s'attribuer l'authorité de le representer ny de l'obliger, sans vne procuration expresse par la raison du Chapitre, *accedentes. De præscript. volentes* vt quod omnibus imminet ab omnibus comprobetur.

Les reglemens du Clergé y sont en termes formels, & on ne void en chaque ligne que ces mots de (Deputez des Dioceses,) & non pas des Chapitres, & les lettres mesmes des Agens, sont addressées aux seigneurs Euesques, leurs Vicaires & Deputés de leur Clergé, dont les Chapitres ne sont qu'vne seule partie.

L'vsage de toute la France est conforme à la raison & aux loix du Clergé, dont on ne rapporte point d'autre preuue , que la cognoissance de Messeigneurs qui composent l'Assemblee Generale, & on ne peut contester que ce ne soit la practique de la Prouince d'Aix, sans vne manifeste calomnie, qui sera conuaincuë par les qualitez donnees dans leur verbal mesmes , aux Deputez des Dioceses qui ont assisté en ceste Assemblee, & partant il est bien mal-aisé de trouuer quelque appuy solide , à ceste pretention du Chapitre, qui est contraire au droict general, aux loix particulieres du Clergé, & à la Coustume de tout le Royaume.

Ils l'ont voulu estayer la voyant pancher à sa ruine, par vne pretenduë possession qu'ils alleguent, pour la conseruer encore en quelque subsistance en ceste occasion, estant aisé à iuger par les discours qu'ils en tiennent, qu'ils l'abandonnent à l'aduenir ; mais peuuent-ils appeller possession vne action qu'ils exercent sans tiltre, contre le droict, contre le sens commun , contre les reglemens du Clergé, & contre la coustume du Royaume ? Il la faut plustost qualifier du nom d'vsurpation, d'abus & de corruptelé, qui s'est glissee dans le Chapitre par l'absence des seigneurs Archeuesques, qui auoient tousiours pour leurs Vicaires Generaux, le Preuost ou quelqu'vn des Chanoines de ceste Eglise, qui laissoient prendre à

ce

ce corps dont ils eſtoient membres, tous les aduantages qu'ils deſi-
roient ſur le reſte de leur Dioceſe, eſtant tres-certain que la plus
grande partie des Aſſemblees Prouinciales ont eſté conuoquees &
tenuës par leſdits Vicaires generaux : mais quand meſmes les ſeigneurs Archeueſques y auroient aſſiſté & diſſimulé ceſte ſuperche-
rie faicte à leur Dioceſe, voire à leur authorité, que ce Chapitre
pretend de partager ſeul auec luy, ils n'ont pû nuire au ſeigneur
Archeueſque leur ſucceſſeur, qui eſt touſiours ſur ſes pieds, pour
corriger les abus que la negligence de ſes predeceſſeurs a laiſſé in-
troduire.

Et c'eſt ce qu'a faict le ſeigneur Archeueſque, au cas dont il eſt
queſtion, dés qu'il eſt venu à ſa cognoiſſance ; car on n'eſt point en
ceſte pretenduë poſſeſſion auec luy, il l'a interrompuë dés qu'il l'a
ſceu & l'a pû interrompre, il l'ignoroit iuſques à la plainte que ſes
autres Dioceſains en ont formee, & ne pouuoit y apporter du re-
mede pluſtoſt, dautant qu'il n'y auoit aucuns Iuges qui y peuſſent
pouruoir, les ſeules Aſſemblees Prouinciales & Generales eſtans
les Tribunaux où ces contentions peuuent eſtre traictees, & ainſi il
ſuffit audit ſeigneur Archeueſque, pour ſe garentir de l'effect de
ceſte pretenduë poſſeſſion, de l'auoir miſe en conteſtation lors de
la tenuë de l'Aſſemblee, qui denoit iuger ſur le champ le fonds de
la queſtion, où il ne s'agiſſoit pas d'inſtruire vn procez par les for-
malitez ordinaires, de regler les parties à faire de longues enque-
ſtes ; mais ſeulement d'examiner & vuider la difficulté par le ſens
commun, par les reglemens qui ſont cogneus à tout le monde, &
par l'vſage que perſonne ne contredit.

Car il eſt bien vray qu'on iuge pour la poſſeſſion quand on diſpu-
te de la validité d'vn tiltre acquis, ou d'vn acte deſia fait par exemple d'vne collation ou preſentation, d'vn benefice dont on conteſte
le droit de conferer, ou de preſenter : car alors ſi on ne produit ſur
le champ, le tiltre qui decide la queſtion, on iuge la prouiſion en
faueur de la poſſeſſion. Mais en ce fait, il ne s'agiſſoit pas d'vn acte
deſia fait, ains d'vn acte futur ; C'eſt à ſçauoir d'vn ſuffrage à porter par Mimata, que l'on diſoit n'eſtre pas fondé de procuration legitime, & partant il falloit, non pas auoir eſgard à la poſſeſſion,
ains corrigeant l'abus, reduire cette faculté aux termes du droit,
& de l'vſage des autres Dioceſes.

On iuge encor pour la poſſeſſion, quand elle peut auoir rapport
à quelque tiltre, comme en l'exemple cy-deſſus propoſé de la preſentation à quelque benefice, car il eſt vray ſemblable, que celuÿ
qui a preſenté a en effet, ou du moins il peut auoir vn tiltre, en vertu

B

duquel il ayt vſé de ce droit : Mais en ce fait icy non ſeulement, on n'allegue aucun tiltre, mais meſmes il n'y a point d'apparence que iamais le Dioceſe d'Aix ſe ſoit deſpoüillé de ce droit, pour le ceder au Chapitre. Et partant ceſte pretenduë poſſeſſion nuë, ſans aucune legitime origine, abuſiue & violente, qui rend les vſurpateurs poſſeſſeurs de mauuaiſe foy, leſquels ne peuuent iamais preſcrire eſtant combattuë, *rebus integris* dans l'Aſſemblée, deuoit eſtre reglée par le droit & l'vſage commun.

Mais pourquoy alleguer la poſſeſſion pour induire vne preſcription d'vn droit imperſcriptible ? car de meſmes que les ſeruitudes dont l'vſage deſpend abſolument de la volonté de ceux à qui elles appartiennent, ne peuuent iamais eſtre preſcriptes ; ainſi quand le Dioceſe auroit par quelques conſiderations voulu ceſſer, de nommer quelque temps, & que maintenant il demande cette faculté, & part dans les affaires qui le regardent, quelle apparence y a-t'il de la luy refuſer. Or tant s'en faut que ce ſoit iamais eſté l'intention du Dioceſe de ſe priuer de ceſte faculté, qu'il a eſté monſtré cy-deſſus par quels moyens le Chapitre l'a vſurpé, qui ſont le ſupport des Vicaires generaux membre de leurs corps, ſoubs leſquels le Dioceſe ne ſe pouuoit plaindre, & l'abſence des ſeigneurs Archeueſques, qui ſeuls les pouuoient remettre dans la iouyſſance d'vn droit, dont l'exercice ne leur deuoit eſtre deſnié, principalement puis que, *Nemini fraus & dolus patrocinari debent*, moins encor la force & violence dont le Chapitre auoit vſé, pour empeſcher par voye de fait, que le Dioceſe fiſt paroiſtre en l'Aſſemblée vne perſonne legitimement fondée.

Et ainſi ce iugement rendu, *per euidentem gratiam*, fait cognoiſtre combien les ſeigneurs Eueſques de Siſteron & de Riez, prenoient de part au profit qu'ils eſtimoient leur en deuoir reüſſir, car il leur ſuffiſoit dans cette Aſſemblée que l'action fuſt, ou auantageuſe pour leur deputation, ou contredite par le ſeigneur Archeueſque, pour s'y porter ſans examiner la iuſtice.

Cela parut auſſi en l'inſtance que fit le ſeigneur Archeueſque, contre le ſieur Chartras, qui pour ſa qualité de Scindicq general du Clergé de Prouence dont la fonction ne regarde que le ſeul bureau des decimes, voulut aſſiſter à ceſte Aſſemblee ; car bien que le ſeigneur de Siſteron euſt luy meſme faict reſoudre en l'Aſſemblee Prouinciale de l'an 1625. qu'il n'y ſeroit plus admis, que le ſeigneur Archeueſque en celle-cy euſt faict lire ceſte deliberation, & demandé qu'il luy fuſt ordonné de ſortir : Il y fut maintenu, parce que ſa preſence eſtoit vn ſupport à ſes confreres, dont la voix apres toutes les raifons cy-deffus déduites, demeure veritablement vne voix, & rien plus, c'eft à dire vn fon qui frappe l'air ; mais qui ne produict aucun effect, pour l'intention des feigneurs de Sifteron & de Riez.

Non plus que celle du pretendu Deputé de Sifteron, qui n'auoit aucune qualité pour porter celle-là, & vn fuffrage legitime ; car il eft vray comme il fut propofé auant que proceder à la nomination, & qu'il eft encor fouftenu qu'il n'a point de benefice dans le Diocefe de Sifteron; & par confequent il eftoit inhabile à porter la procuration, & la preuue en eft indubitable.

Elle eft tiree de deux actes, le premier de fa procuration, qui le denoit qualifier du tiltre du benefice, qui le rendoit capable de cefte charge, & l'euft fans doute faict s'il en euft poffedé quelqu'vn; car n'y a-il pas apparence qu'on y euft pluftoft employé ce tiltre, s'il en euft eu, que celuy du Prieuré fainct Eftienne de Toars, qui eft au Diocefe de Digne dans vne Prouince differente?

L'autre acte qui fournit vne preuue de ce defaut, eft le verbal de l'Affemblee, auquel on s'eft amufé à noircir vne fueille entiere de papier, pour iuftifier la validité de cefte procuration par des raifons impertinentes, qui pouuoient eftre efpargnees, auec le temps, & le papier perdu, par vn feul mot, en nommant le benefice ; mais ne l'ayant pas nommé, il eft euident qu'il n'en auoit point lors, & s'il en a maintenant, on laiffe à iuger à Noffeigneurs de l'Affemblee quelle foy on doit adjoufter aux actes qu'ils pourront produire. À quoy on fouftient qu'ils ne font pas receuables, dautant que l'éloignement & diftance des lieux, & la preffe du iugement de cefte affaire, ofte le moyen au feigneur Archeuefque de fe pouuoir informer de la verité, & de verifier à Noffeigneurs de l'Affemblee la fuppofition.

Que feruoit-il de s'eftendre dans ce verbal à dire, que Caftelan eftoit fon Vicaire General depuis trente ans, finon pour faire voir qu'il pouuoit en cefte qualité reprefenter fa perfonne? mais icy il eftoit Procureur du Diocefe, & non pas du feigneur Euefque. Que feruoit-il de dire, qu'il auoit toufiours efté receu dans toutes les Affemblees en cefte qualité de Vicaire General? finon pour faire voir que le feigneur de Sifteron mefprife & foule aux pieds tous les ordres & reglemens, & veut toufiours emporter toutes chofes par vn empire abfolu? Bref, que feruoit-il de dire qu'il auoit poffedé plufieurs benefices dans fon Diocefe, fans nommer celuy qu'il faudroit qu'il euft poffedé le trentiefme de Mars dernier, finon pour faire voir que ce Seigneur qui a dicté ce long difcours, s'eft debattu vainement, & que dans ces contentions inutiles il a perdu la voix, ſur laquelle il faiſoit vn ſi grand fondement : & ainſi il demeure pour conſtant qu'il ne luy reſte & à ſes partiſans, que celle de deux Dioceſes, & la ſienne nuë & defectueuſe, de l'appuy qu'elle deuoit tirer de ſon Dioceſain.

Ceſte pretenduë deputation eſt contraire aux reglemens du Clergé & volontez du Roy, en ce qu'elle eſt faite au meſpris de l'ordre & tour des Dioceſes, & nombre de Deputez que le Roy a declaré par ſes lettres vouloir eſtre ſoigneuſement obſerué ſelon les reglemens & la loy que le Clergé meſmes s'eſt impoſée. Volonté & loy tres-iuſte & tres-ſaincte, qui conſerue l'égalité & participation des honneurs auſſi bien que des charges, ſans laquelle la porte demeure ouuerte dans les Prouinces aux brigues, factions, & cabales, qui deſtruiſent la charité entre les Prelats, & forment des diuiſions entr'eux, honteuſes à leur condition, & de mauuaiſe conſequence pour l'inſtruction du peuple qui leur eſt ſoubmis ; dans leſquelles les plus adroits & plus artificieux, prenent touſiours des aduantages ſur leurs confreres. Ainſi on ne verra iamais dans les Aſſemblées, que les meſmes perſonnes.

Le ſeigneur de Siſteron y a paru aſſez ſouuent pour n'y eſtre pas meſcognu. Il eſtoit encor en celle de vingt-cinq, & le predeceſſeur du ſeigneur de Riez, en celle de vingt-huict, auec vn Deputé du ſecond Ordre, du Dioceſe d'Aix, ſi bien que le tour des Dioceſes de Siſteron & de Riez, pour le premier Ordre, & celuy d'Aix pour le ſecond, eſtoient remplis aux dernieres Aſſemblées, & ne pouuoit eſtre recommencé en celle-cy au preiudice des autres, qu'on voudroit à iamais priuer de pareils honneurs.

Ils ont auſſi contreuenu aux volontez du Roy, & reglemens du Clergé, au nombre, nommant vn cinquieſme Deputé. Mais auec tant de meſpris des Ordres precis de ſa Maieſté, que ſa derniere lettre aux ſeigneurs Archeueſques, qui portoit des deffenſes expreſſes eſtant arriuée à Aix, auant la concluſion de l'Aſſemblée, & leuë en icelle, le ſeigneur Archeueſque d'Aix, les ſommans de ſatisfaire, ils n'ont laiſſé d'inferer ce cinquieſme dans leur procuration, & de le faire venir en ce lieu-cy, pour ſuiure l'effect de leur obſtination.

Apres toutes ces nullités euidentes qui ſe rencontrent en cette deputation, & qui la deſtruiſent plainement, il eſt bien facile d'eſtablir la iuſtice, & la ciuilité de celle des ſeigneurs Archeueſque d'Aix, & Eueſque de Freius, & des ſieurs Arnaud & Marchier, pour le ſecond Ordre, en les conferant l'vne à l'autre. Celle-là eſt ambitieuſe, & toute leur procedure iniurieuſe à la dignité Archiepiſco-

pale, & à la perſonne du ſeigneur Archeueſque ; Celle-cy eſt dans
les deferances, & l'ordre que les ſainds Canons ont eſtably , & le
ſeigneur Archeueſque a ſouffert auec la plus grande moderation
qu'il a pû, les meſpris, les iniures, & les mauuais traittemens qu'il
a receus, pour en attendre de Meſſeigneurs de l'Aſſemblée generale le reſtabliſſement du luſtre & des preéminances de ſa dignité
violée, & ſa ſatisfaction particuliere.

Si celle-là a eſté pratiquée par des moyens iniuſtes & frauduleux,
où la perfidie d'vn Officier enuers ſon Maiſtre, la laſcheté & ſu-
percherie d'vn amy, & l'infraction des promeſſes faites ſolemnel-
lement par eſcrit, & de viue voix, ont eſté les reſſorts de cette ca-
bale. Celle-cy eſt dans la franchiſe & fidelité que les hommes doiuent à leur parole, & ceux qui ont eſprouué les trahiſons, & l'in-
conſtance des perſonnes qu'ils ont aymées ardemment, reſſentent
viuement ce coup qu'ils ne pouuoient s'imaginer, ne publient cette
infamie qu'auec douleur, & par la pure neceſſité de leur deffence,
& ſouſtien de leur droit.

Si celle-là a pour ſon fondement les voix, & les ſuffrages de deux
Dioceſes entiers, & celuy du ſeigneur de Siſteron deſpoüillé de ſon
Dioceſe : Celle-cy a les voix de trois Dioceſes entiers.

C'eſt ainſi que les reglemens du Clergé ordonnent, que dans les
Aſſemblées Prouinciales le ſeigneur Eueſque auec ſon Clergé (il
ne dit pas Chapitre) ne fera qu'vne voix, ſi bien que ſelon cette loy,
& l'vſage general, on ne doit compter dans la Prouince d'Aix que
ſix voix, deſquelles le ſeigneur Archeueſque & ſes condeputez en
ont trois entieres, ſçauoir celles de ſon Dioceſe auec la ſienne, &
des ſeigneurs Eueſques de Freius & de Gap, & de leurs Dioceſes.
Ces deux dernieres ne ſont pas contredites, la premiere eſt reuo-
quée en doute, mais ſans raiſon quelconque.

Car cette maxime eſt indubitable, que la voix du ſeigneur Eueſque auec celle de ſon Dioceſe n'eſt qu'vne meſme voix. Or appli-
quant cette regle au fait dont il s'agit, le ſeigneur Archeueſque
a fait tous ſes efforts pour auoir dans l'Aſſemblée vn Deputé legitime de ſon Dioceſe : il n'en a eſté empeſché que par la force & violence du Chapitre intereſſé, & par le ſupport des ſeigneurs contretenans, donc leur faute & leur artifice ne luy deuoit pas nuire, & par
conſequent toute cette voix reſidoit en ſa perſonne. De laquelle ſe
ſeruant dans l'Aſſemblée, c'eſt vne calomnie & ſuppoſition, de dire qu'il ſe ſoit nommé luy-meſme, & vne inuention que la ſubtilité
de l'eſprit du ſeigneur de Siſteron luy ſuggera, pour tirer de là pre-
texte de troubler l'opinion du ſeigneur Archeueſque, de le pico-

ter, & exciter dans la compagnie quelque mouuement, qui
ont esté ses principaux soings. Car voicy comme il opina.
Il dit que les reglemens du Clergé, & la lettre du Roy de conuocation de l'Assemblée generale, obligeoient les Prouinces de garder le
tour dans les deputations; que les dernieres de sa Prouince auoient
esté remplies en vingt-cinq, par les seigneurs Coadiuteur d'Aix,
& par le Seigneur de Sisteron; & en vingt-huict, par le seigneur de
Riez: & partant que le tour regardoit les seigneurs de Freius, de
Gap & d'Apt, que les deux derniers ne vouloient pas vser de leur
droict: que le seigneur de Freius qui depuis quarante ans qu'il est en
possession de son Euesché, n'y a iamais esté, desiroit se seruir du
sien, & le nomma pour l'vn: & dautant que le tour deuoit recom-
mencer par le chef de la Prouince, il declara que la deputation luy
appartenoit, & l'accepta; puis nomma ceux du second ordre: &
ainsi il ne se nomma pas, & ne fit rien que le droict ne luy permist de
faire: *Iuxta caput, Cum sis in iure. De elect. & elect. pot.* Ce sont les seigneurs Euesques de Sisteron & de Riez qui se sont veritablement
nommés; car s'estans d'abord donné leurs voix respectiuement l'vn
à l'autre, & au seigneur Euesque d'Apt, voyans apres toutes les
opinions, qu'ils auoient moins de voix que les autres, le seigneur
de Sisteron commença à se retracter & se nommer soy-mesme, &
le seigneur de Riez suiuit à son exemple: en quoy non seulement la
nomination de soy-mesme est remarquable, mais aussi la retra-
ctation de leur suffrage, qui n'estoit plus en leur pouuoir.

Que si le seigneur Archeuesque par la raison cy-dessus, auoit
dans l'Assemblée toute la voix entiere de son Diocese, quoy qu'il
ne fust assisté d'aucun diocesain, elle ne peut plus maintenant luy
estre contestée, puisque son Diocese assemblé durant le Synode,
auquel l'absence de ce Vicaire factieux, & de ses supposts, a laissé
le temps & la liberté de pouruoir à leurs interests: par acte du 24.
Auril dernier, a desaduoüé tout ce qui auoit esté fait en l'Assemblée prouinciale, par lesdits Mimata & Iassaut agissans, sans pouuoir: approuué & ratiffié les nominations faites par le seigneur
Archeuesque, & entant que de besoin a procedé de nouueau à la
mesme nomination. Car cet acte qui monstre que sans les violences
de Mimata & ses adherans, le Diocese se fust ioinct au seigneur son
Archeuesque dans l'Assemblée, doit auoir son effect retroactif,
& par la ratification subsequente du Diocese, operer la mesme chose que son deputé eust fait dans l'Assemblée, & ainsi remplir plainement & absolument la voix du seigneur Archeuesque, auquel par
consequent trois voix, & les suffrages de trois Dioceses demeu-

rent entierement acquis, les seigneurs contretenans n'en ayans que deux entiers, & celuy du Seigneur de Sisteron, qui n'est pas parfait.

Que si on se vouloit accommoder à la façon de compter les voix que les seigneurs de Sisteron & de Riez disent estre accoustumées dans la Prouince par nombre de deputés, dont on ne demeure pas d'accord, supposé que l'Assemblée se voulust departir de l'vsage contraire, ce qui n'est pas croyable, le seigneur Archeuesque demeureroit tousiours dans l'auantage ; car les voix de Mimata & du deputé de Sisteron estans nulles, comme il a esté monstré, il ne reste au seigneur de Sisteron que quatre voix, sçauoir les deux des seigneurs d'Apt & de Riez, & celles de leurs Diocesains, & autant au seigneur Euesque de Riez, ne pouuans tirer aucun support des leurs propres ; & quand mesmes on les leur accorderoit, ils n'en auroient que cinq, & le seigneur Archeuesque en auroit non seulement cinq asseurées, & qu'on ne luy contredit pas, sçauoir la sienne, dont le droict luy permet de se preualoir, en acceptant vn honneur & employ, que les reglemens du Clergé & la raison luy deferent, & les quatre des seigneurs de Freius, de Gap, & Deputez de leurs Dioceses ; mais mesmes il en a six au moyen de l'acte de ratification & nomination de l'Assemblée de son Diocese : & partant le seigneur Archeuesque & ses Condeputez, sont non seulement dans l'egalité, mais aussi dans la pluralité, & particulierement les sieurs Arnaud & Marchier ont la pluralité pardessus le sieur Prieur de Monguers, dautant qu'estant seul Deputé du Diocese d'Apt, ainsi que sa procuration le iustifie, il n'a pû se donner sa voix, & ainsi il n'en a que quatre, & eux cinq, voire six en la maniere que cy-dessus, outre que ledit sieur de Monguers fut desia deputé en l'Assemblée de vingt-cinq.

Si en fin la deputation des Seigneurs de Sisteron & de Riez est contre les ordres du Roy & les reglemens du Clergé pour le tour & le nombre : Celle du seigneur Archeuesque y est en tout conforme, elle a conserué à chaque Diocese ce qui luy appartenoit autant que le nombre prefix de deputés l'a permis, & a rendu en effect aux volontez du Roy le respect & la soufmission qu'ils deuoient, & que les autres ont voulu eluder par des protestations contraires à leurs actions.

Tous ces aduantages & differens si visibles en ces deux deputations, font esperer aux seigneurs Archeuesque d'Aix, & Euesque de Freius, & aux sieurs Arnaud & Marchier, de la iustice de Nosseigneurs de l'Assemblée, qu'il leur plaira de receuoir leur procu-

tion, la declarer bonne & legitime, & les admettre dans l'Af-
semblée, comme vrais Deputez de la Prouince d'Aix. Et le seigneur
Archeuesque en particulier, adherant à la requeste de ses Diocesains, supplie Nosseigneurs, que faisant ce que l'Assemblée Prouinciale a deu faire, ils ordonnent que la conuocation des Assemblées Prouinciales estant faite, tous les Beneficiers du Diocese
d'Aix, payans Decimes, seront assemblez par luy ou son Vicaire
general, auec deux Deputez, que le Chapitre de l'Eglise Metropolitaine y enuoyera, qui n'auront qu'vne voix, pour nommer &
eslire vn ou deux Deputez à ladite Assemblée Prouinciale, qui y
auront voix & seance, ainsi que les Deputez des autres Dioceses.
Il supplie aussi Nosseigneurs de l'Assemblée, de pouruoir & ordonner de sa reparation sur toutes les iniures, & offenses qui luy ont
esté faites, & à sa dignité.